AF452094

Abbé F. HUSSON

Les Allemands

à

Chantilly

(Septembre 1914)

Introduction

par

G. MACON

Conservateur au Musée Condé

A la Mémoire

des

ENFANTS DE CHANTILLY

morts

pour la Patrie

Année 1914	Année 1915
Henri HARDY	Robert COLLINET
Charles COSTARD	Charles PASQUIER
Henri NOIREL	François BOUGRAS
Robert HUET	Léopold NÉEL
Charles QUENTIN	Léon SAVIGNAT
Charles BROUET	Alfred BLOC
Henri BEAUME	François ROUSSEAU
Constant LELONG	Jules BRIÈRE
Robert BOUILLOUX	Georges QUENTIN
Marcel SCHKIWISK	Lucien PIOCELLE
Eugène COSTARD	Louis DENÉPLE
Maurice DEBRAYE	Isidore CLAUW
Georges STAMMERJOHANN	Léon BATON
Léon DELANDES	Auguste CRAZIE
Ernest BARRIER	Emile NOÉ
Raymond GODEFROY	Martial GONNEAU
Michel KUBLER	Marcel LARUE
René DUPUIS	André SANNIER
Emile ÉVRARD	Cyril CARTER
Julien RUCHE	Bertin CHAMPAGNE
Paul CHAROUD	Amédée DEFRANCE
Agnan HAZARD	Edouard DETERPIGNY
Marcel ESCHGER	Charles LECOMTE
Maurice LEFÈVRE	Charles LEFORT
Henri MAESSCHALT	Jean MALHEOT
Alec CARTER	René TURPIN
Emile DOURLENS	Emile DEBLIRE
Etienne EDMOND	Fernand DECOMBAT
Armand LEGUAY	Georges PERPETTE
Victor PINÇON	Paul PIERSON
Marcel RUFFEL	Emile TRAULET
Lucien ROGER	Yves POULET
Alfred BRIOT	Georges NOÉ
Raymond PINSON	Médard RECULÉ
Léon AUBIN	Gaston CHARREYRE
Alfred ROMANCAN	Eugène CHÉRON
André DUCHAUFFOUR	Narcisse GRAUX

Emile HELBERT
Ernest HEAUMÉ
Gaston Jean LEGRAND
Léon VERGNE

Année 1916

Adrien BRUNSON
Georges DUPUIS
Gustave VLUGGENS
Emile FLEURY
Henri JORDAN
Jules MAZILLE
Alphonse QUET
François RENARD
Germain PLOCQ
Ernest DOUVRIN
Auguste DESAINT
Georges ESMINGT
Eugène DENIS
Gaston Alfred LEGRAND
Achille TAVIGNOT
Théophile PION
Charles PINCHON
Prince DELAHAYE
Herbert ATTWOOD
Paul ROBINEAU
Jules LEDUC
Louis GAILLARD
Marcel ESLING
Maurice MAUMELAT
Fleury HOCQUET
Louis LAMBERT
Léon GRIALOU
Henri GAMELIN
Alphonse TRANCHANT
Pierre LAURENT
Lucien MONNY
Armand NAQUIN

Victor BRIAND
Edouard LESUR
Louis FAQUET
Paul HENRIQUET
Richard DAMBLY
Robert NOÉ

Année 1917

Gérald BATCHELOR
Albert BUREAU
François ABRIER
Emile GUYARD
Gaston MEGRET
Roger BELDAME
Marcel DAMERON
Jean-Baptiste DEVAUX
André STUBERT
Emile PHILIPPOT
Georges DESLANDES
Georges MILON
Antonin RECULÉ
Henri DESSEAUX
Alfred PETIT
Raphaël BELDAME
David HICKS
George HICKS
Edmond FOURÉ
Albert NOÉ
Joseph RIMBERT
Jules DUFOURMENTELLE
Arthur BUNDY

Année 1918

Raymond BLONDY
Marcel MARCHAND
Albert FOUCAULT
Louis LAUER
Paul BENOIT

Jules MERLOT
Emile DÉMAREST
Charles LYNHAM
François JANDIN
Maurice DUMONT
Clodomir BARIN
Emile LAPORTE
Ferdinand PETIT
Pierre NOURRISSAT
Paul BENOIST
Jacques BARA
René DAUMERIE
Gaston MORAL
Georges COLIN
Gabriel BARBIER
André DEAUBONNE
Albert ARNOTT
Charles DESSEAU
Léon VIOT
Roger BAUDRY
Georges CHARREYRE
Henri RICHARD

Henri GOBERT
Georges CHAMPAGNE
René DEMBRIN
André JUDAS
Gabriel ESLING
Joseph LETELLIER
Laurence SPENCER
Pierre NAVELOT
Harry PRINCE
Maurice TOUPET
René FILSOIE
Marcel CHOQUET

Années 1919, 1920, 1921

Julien DOUVRIN
Achille RICOUR
Fernand DURAND
Charles BOMPIERRE
Gustave MOREAU
Georges BALAINE
Louis GONDEL

LE MARÉCHAL JOFFRE

INTRODUCTION

« Situation inchangée de la Somme aux Vosges ». Qui ne se souvient de ce lugubre « communiqué », éclatant comme un coup de tonnerre après trois jours sans nouvelles ! La Somme ! A ce train là, me dis-je, les Allemands seront ici dans trois jours, et j'employai ces trois jours à vider le musée, à faire descendre dans les salles du rez-de-chaussée voûtées de pierre les tableaux transportables, les dessins, les gravures, la bibliothèque, etc., précaution contre un danger possible de bombardement et d'incendie.

Le 2 septembre, le canon de la bataille de Senlis nous annonça l'arrivée de l'ennemi. Au loin, la fumée ! Senlis en flammes ! Ce soir, ce sera notre tour ! On se cuirasse le cœur et l'esprit ; les peureux ont pris la fuite ; il ne reste à Chantilly que des gens calmes et résolus, prêts à tout événement, résignés au pire, mais attachés au devoir : le salut de la ville et du château importe avant tout.

La chance nous favorisa. Les Allemands qui brûlaient Senlis ne dépassèrent pas Saint-Léonard, et c'est une troupe de réservistes qui ne s'étaient pas encore battus qui nous arriva de Clermont et Creil le 3 septembre au matin. Les chefs étaient calmes, et il ne se produisit aucun incident susceptible d'exciter les soldats. Un seul moment d'émoi, causé par un coup de fusil tiré près de la Caboutière ; l'officier qui était près de moi sursaute : « Monsieur, on a tiré. — Oui, j'entends bien. — Qu'est-ce que c'est ? — Ce ne peut être qu'un braconnier, car on nous a enlevé toutes nos armes, que vous avez vues déposées à l'hôtel de ville. — Un braconnier, qu'est-ce que c'est ? » Et je donnai l'explication à ce jeune homme, qui parlait fort bien français, sans connaître tous les mots de notre langue. En réalité, ce coup de fusil était tiré par un Allemand, peut être sur un lapin, peut-être aussi dans le but de créer un incident.

L'après-midi, ce fut autre chose. Je me vois encore me démenant au milieu de 500 Allemands en compagnie de M. Berger, ne sachant qui entendre, aidé par M. Allart et mes courageux gardiens, et appelant finalement au secours notre administrateur, M. Duplaquet, demeuré à son poste et qui s'empressa d'accourir au château, pendant que M. Taupin et ses agents veillaient sur le parc et aux grilles. Je dois rendre justice à la correction du chef de bataillon, le major Raab, de grande taille et d'aspect sévère, mais qui m'accorda ce que je lui demandai : sécurité des femmes et des enfants que j'avais recueillis dans les soubassements du château, campement limité aux galeries de peinture presque entièrement vidées, interdiction aux soldats de pénétrer dans la chapelle, dans le grand appartement aux boiseries dorées, dans l'appartement privé, où je n'avais eu le temps de rien enlever. « C'est bien, Monsieur, on n'ira pas ». Et on n'y alla pas. Mais il était vexé de constater le vide des galeries. « Oh ! tout est parti. — Non, Monsieur le major, rien n'est parti. — Où est-ce ? — J'ai descendu tout ce que j'ai pu dans les soubassements voûtés en pierre. Pourquoi, Monsieur ? — Eh ! de crainte de bombardement ou d'incendie ; c'est la guerre, n'est ce pas ? — *Gut*, Monsieur, vous avez bien fait ».

Tout enfin arrangé, le calme faillit se gâter vers 6 heures ; je me promenais de long en large et en silence devant six officiers assis dans l'antichambre quand l'un d'eux se leva et me dit d'un ton fort sec : « Monsieur, nous voulons dîner. — A quelle heure ? — A 7 heures. — Vous auriez bien pu me dire cela plus tôt ; ici, ce n'est pas une maison, c'est un musée, et je n'ai rien à vous donner. — Monsieur, nous voulons dîner. — Eh ! j'entends bien. Mais, dites donc, avez-vous de quoi manger ? — Oui, Monsieur,

— Avez-vous un cuisinier ? — Oui, Monsieur. — Faites-le venir ; je vais arranger ça avec les gardiens qui habitent le château ». Et le soin de la cuisine fut réparti entre MM. Allart, Lehot et Brisset. — « Et où voulez-vous dîner ? — Là, à côté » (le salon qui suit l'antichambre et précède mon bureau). « Vous mettrez nappe, serviettes, verres, fourchettes, couteaux. — Bien entendu. — Et du vin. — Oui (je dis à M. Allart de donner du sien). — Et du champagne. — Non, je n'en ai pas ; si vous voulez du champagne, faites une réquisition à la Mairie » (je n'en trouvai d'ailleurs que deux bouteilles vides le lendemain matin). — Le gardien Bouilloux servit le dîner et dormit ensuite sur le parquet, n'ayant pas eu la permission de rentrer chez lui aux Écuries. Et comme personne ne pouvait sortir du château, je demandai si j'étais prisonnier ou si je pouvais rentrer chez moi au château d'Enghien, ce qu'on m'accorda, à condition de revenir à 9 heures pour examiner les fermetures et remettre les clefs.

« Chantilly, forteresse ; si on nous attaque chez vous, nous nous défendrons chez vous », me dit le major Raab. — « Et comptez-vous rester longtemps ici, Monsieur le major ? — Nous partirons sans doute demain, mais 2000 hommes arriveront pour nous remplacer. — 2000 hommes, où diable voulez-vous que je les fourre ? — Vous vous débrouillerez ». En rentrant chez moi, je trouvai M. Berger qui m'attendait sur la terrasse ; une patrouille de cyclistes passa près de nous, et je dis à M. Berger : « Vous qui parlez l'allemand aussi bien que le français, tâchez donc de tirer quelque chose de ces gens là ». Et la conversation s'engagea avec la bonhomie qui était naturelle à M. Berger ; je n'en retiens que ce passage, que je compris à peu près : « Dans trois jours nous serons à Paris », dit le sous-officier. — « Et quand vous serez à Paris, qu'est-ce que vous ferez ? — Nous ferons la paix, car il faudra que les Français se rendent ». — J'entends encore le ton rageur dont il dit ces mots : *Sie müssen sich geben.*

il faut qu'ils se rendent. — « Et s'ils ne se rendent pas ? — Alors nous brûlerons Paris quartier par quartier ».

Le lendemain matin, les Allemands partirent, et nous ne les vîmes plus. Honneur au maréchal Joffre, honneur aux héros qui l'aidèrent à sauver Paris et la France, et, dans un petit coin de la France, notre cher et beau Chantilly.

G. MACON

Château de Chantilly (côté Nord)

Phot. Privat

AVERTISSEMENT

Les lignes qui vont suivre n'ont pas la prétention d'élever Chantilly au rang de celles de nos malheureuses cités qui ont payé si chèrement la gloire de leur martyre. Rassembler les souvenirs épars de nos concitoyens, sauver de l'oubli le nom de ceux qui, aux heures d'angoisse, surent protéger notre ville et nos œuvres d'art des fureurs allemandes, redire enfin les liens intimes qui unissent le grand vainqueur de la Marne à Chantilly, telle est simplement notre intention.

Nous avons longuement hésité avant d'entreprendre ce modeste travail, et nous ne l'aurions jamais publié, si plusieurs personnalités, que, par discrétion, nous ne nommons pas, ne nous avaient encouragé et secondé. Il nous est impossible cependant de taire le nom de M. Macon ; si cet ouvrage a quelque mérite, c'est à son précieux concours qu'il le doit.

M. le comte de Caix de Saint Aymour, dans *La marche sur Paris de l'aile droite allemande.* (Lavauzelle, 1916), et M. Elie Berger, dans son *Rapport à l'Institut,* rapportent plusieurs faits que nous leur avons empruntés, parfois en les complétant, grâce à d'autres sources.

Ainsi le lecteur, surtout celui qui fut témoin des événements, sera heureux de retrouver dans ces pages le récit des dangers courus, et remerciera la Providence d'avoir échappé au mauvais destin.

Abbé F. HUSSON
Vicaire de Chantilly

I

Septembre 1914

Juillet 1914... c'était la paix... et pourtant la guerre était déjà là, mystérieuse, toute puissante et terrible : la catastrophe était imminente.

Le 1 août, l'ordre de mobilisation générale est lancé, la France entière se dresse contre l'envahisseur. Le 3, la guerre est déclarée, les journaux chantent victoire, nos armées refoulent l'ennemi, nous sommes en Alsace.

Le 29 août, stupéfaction générale ! le communi-

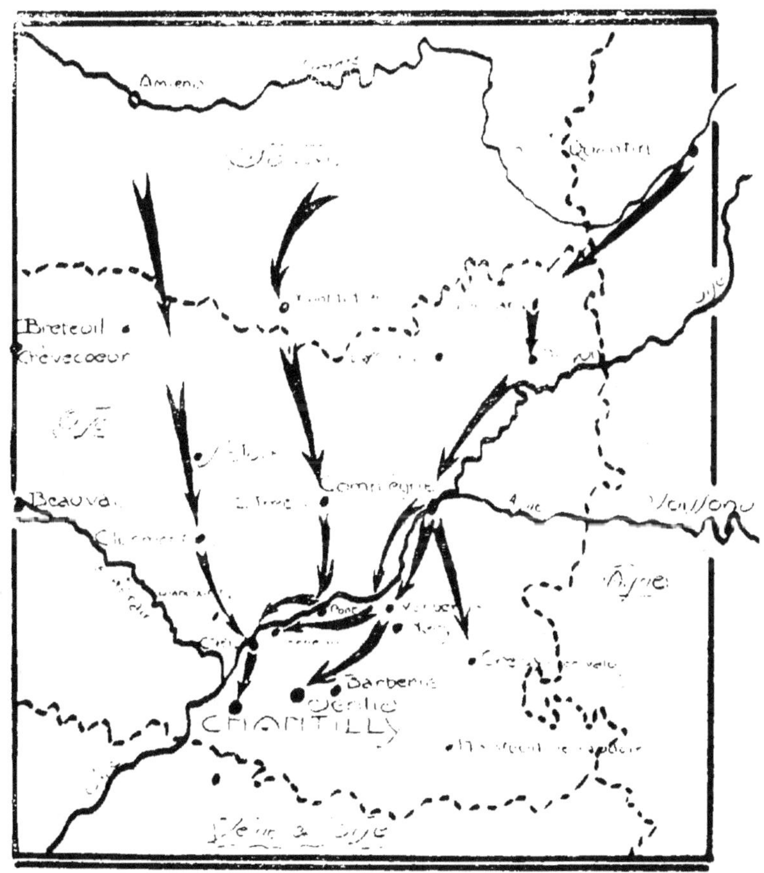

Les flèches indiquent la marche des principales colonnes allemandes à travers le Département de l'Oise.

qué officiel dissipe les obscurités et les mirages. Les Allemands sont dans la Somme, à 150 kms de Paris ! A peine sont-ils maîtres d'Amiens que déjà la première armée ennemie, commandée par le Général von Kluck, pénètre dans notre département en plusieurs colonnes. Une première descend le long de l'Oise, elle est à Noyon le 30, à Compiègne le 31 ;

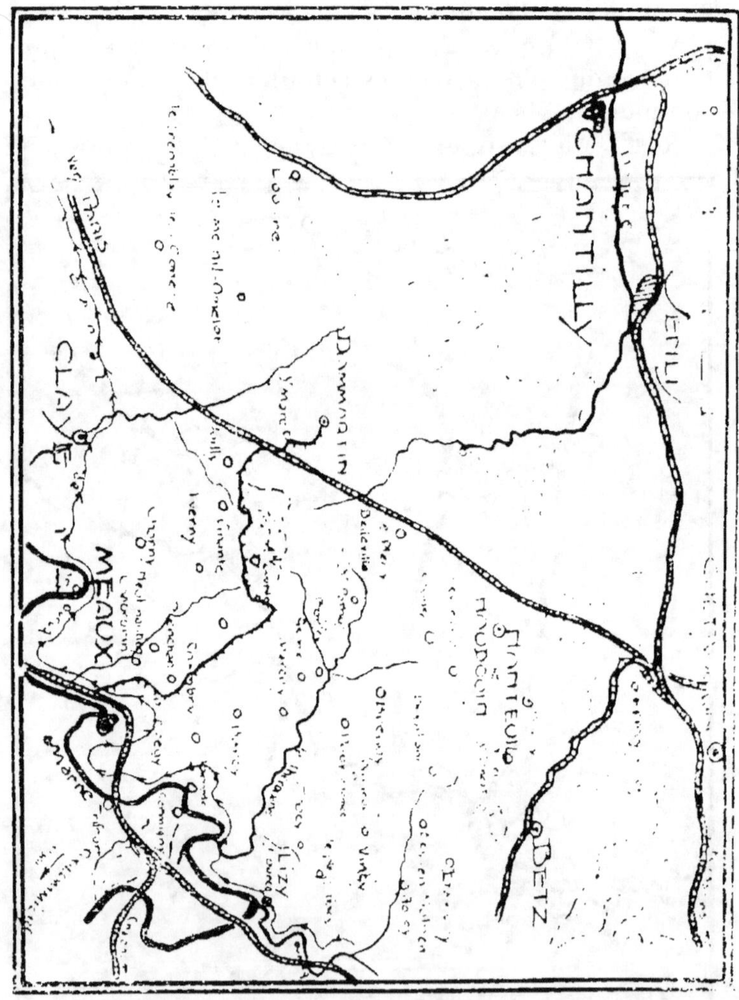

de là, elle se divise pour aller une partie vers Crépy et Nanteuil-le-Haudouin, une autre vers Verberie. La deuxième colonne vient de Montdidier et se diri

ge vers Pont-Ste-Maxence, mais, trouvant le pont
détruit, longe la rive droite jusqu'à Creil. La troisième enfin, qui forme l'extrême droite ennemie, descend la route de Dunkerque à Paris, arrive à St Just-
en-Chaussée le 31 août et à Clermont le 2 septembre.
Toutes ces unités s'avancent reliées entre elles par
de nombreuses patrouilles et précédées d'importan-
tes reconnaissances.

Devant un adversaire bien supérieur en nombre,
Français et Anglais renouvellent presque quoti-
diennement des prodiges de valeur, mais doivent
sans cesse se replier ; l'ordre de retraite générale
est formel.

Chantilly voit alors passer un défilé interminable
de soldats, de canons, d'ambulances ; c'est en même
temps le lamentable exode des populations de la
Belgique et du Nord de la France ; sur les routes,
pêle-mêle, s'avancent et se gênent : voitures, autos,
bestiaux, carrioles. Devant ce spectacle navrant, et
sur la foi de fuyards apeurés, nombre de nos concitoyens s'affolent, beaucoup quittent le pays, laissant
leurs maisons désertes.

Le mardi 1ᵉʳ septembre, l'émoi augmente : on en-
tend au loin le canon qui gronde sans discontinuer ;
d'aucuns prétendent qu'une grande bataille se livre
à Compiègne. En réalité, les Allemands essayent
d'une part de forcer à Verberie le passage de l'Oise,
mais les soldats de Maunoury leur font payer chèrement leur avantage ; d'autre part, ils surprennent
les Anglais à Néry, mais la cavalerie alliée repous-
se les troupes ennemies et protège ainsi la retraite.

Le mercredi 2, le 7ᵉ corps d'armée et la 55ᵉ divi-
sion, accablés par la longueur des marches, les pri-
vations, les combats, remontent la route de Creil
pour aller s'abriter dans les lignes du camp retranché de Paris... Sur la place de l'Hospice, c'est un
fourmillement d'autos, de cyclistes, de soldats et
d'officiers auxquels se mêle la population anxieuse.
Les trains ne passent plus ; seuls, maintenant, les
fourgons et les convois d'artillerie roulent sous la

chaleur torride avec un bruit formidable... Des bles
sés arrivent à l'hospice ; à peine pansés, ils sont
évacués vers l'arrière. L'angoisse grandit d'heure
en heure, le cœur se serre à la vue de notre pauvre
armée, quelques jours auparavant si enthousiaste,
et maintenant couverte de poussière et exténuée par
la fatigue de marches sans arrêt !

1 h. 30 de l'après-midi, une explosion retentit dans
la direction de Creil ; nos soldats du génie ont fait
sauter le pont sur l'Oise. Les Allemands, dit-on,
viennent de Clermont et signalent leur présence à
Rantigny par l'incendie de l'usine. Quelques heures
plus tard, ils pillent les magasins d'alimentation de
Creil, mettent le feu, sous un vain prétexte, à une
partie de la ville, assassinent même quelques habi
tants inoffensifs et font creuser à 200 civils des tran
chées aux abords du plateau, derrière le cimetière.
Le jour est bientôt à son déclin ; quelles nouvelles
atrocités le Teuton réserve-t-il pour cette nuit à
Chantilly ? Mais voici qu'une fumée épaisse mêlée
de flammes s'élève au-dessus de Senlis. Il est six
heures, on apprend que les troupes Allemandes tra
versaient cette dernière ville, lorsque dans la rue de
la République elles furent accueillies par les coups
de fusil des traînards français et marocains, attar
dés près de l'auberge du Point-du-jour. C'en est as
sez pour causer le supplice et la mort de M. Odent,
maire, et de plusieurs citoyens pris comme otages,
et faire de Senlis le Louvain français. Par ailleurs,
l'arrière-garde française chargée de maintenir l'en
nemi dans la ville jusqu'à la tombée de la nuit livre
un combat au sud et à l'ouest de la ville.

A l'annonce de toutes ces nouvelles, à la vue de
ces soldats qui, venant de Senlis, marchent haras
sés et en désordre à travers la rue du Connétable,
au bruit des coups de fusil tirés sur un taube que
l'on essaye en vain d'abattre, la panique va-t-elle
s'emparer des habitants restés fidèlement à Chantilly ? Le malheur plane dans les airs, et d'un instant à
l'autre il peut s'abattre. C'est ici le moment de ren

dre hommage au Magistrat vénérable qui préside aux destinées de notre cité et qui, dès cet instant tragique, sut faire preuve de sang-froid, de prudence et de grandeur d'âme, et éviter à Chantilly la triste gloire de figurer au rang des villes martyres. Dès 3 h. de l'après-midi, M. le Maire donne l'ordre de se garder de toute insulte à l'égard de l'ennemi qui, d'un instant à l'autre, va paraître, et d'apporter à la Mairie toutes les armes à feu. Après avoir lui-même fait évacuer les derniers blessés, il s'en remet à la Providence, se souvenant de ces paroles de l'Ecriture qu'il rappellera plus tard dans un congrès de Jeunesse catholique tenu en 1925 à Chantilly : « C'est en vain que la cité est gardée, si Dieu lui-même ne la garde. »

Le Monument aux Morts   Phot. Privat

II

L'Arrivée des Allemands

(Jeudi 3 Septembre 1914)

La nuit du mercredi au jeudi s'écoule dans la plus grande anxiété. Au matin du 3 septembre, étonnement des habitants de ne pas encore apercevoir l'ennemi ! L'Allemand, soucieux de ménager ses forces et d'éviter les embuscades dans les régions boisées, ne continue qu'avec le jour sa marche en avant.

Soudain, vers neuf heures, des coups de feu retentissent : une patrouille de Uhlans, lancés en avant, apparaît sur la route de Creil ; derrière, une section de cyclistes ; puis des fantassins : c'est le 27ᵉ Régiment de Réserve recruté dans la Saxe Prussienne ; ce régiment se vante d'avoir à Creil, incendié la rue Gambetta. Maintenant il déferle sur Chantilly ; dès l'abord, il gagne par détachements, les rues adjacentes. Le gros de la colonne monte la rue de Creil, entraînant une vache prise à l'abattoir.

Devant la place de l'Hospice, un coup de sifflet retentit, c'est le signal d'une courte halte : les soldats s'approchent des habitations ; les uns se présentent à l'hôtel d'Angleterre, d'autres à l'hôtel d'Albion, et se font largement servir à boire ; le bureau de tabac de la rue de Paris est fermé, ils enfoncent la porte et le pillent. L'ordre du départ est bientôt donné, les rangs se reforment. Des trois bataillons du 27ᵉ Régiment, l'un va s'installer au Mont de Pô ; un autre bivouaque un instant sur la pelouse et ensuite se dirige, par la route de la Chapelle-en-Serval, vers Montgrésin où il cantonne ; le troisième enfin se répand dans Chantilly. C'est alors à travers la rue du Connétable le défilé des hordes ennemies au chant du « Wacht am Rhein » : les officiers marchent au milieu de la chaussée, les soldats sur les trottoirs, baïonnette au canon, les yeux fixés sur la rangée opposée des maisons, afin de surprendre la moindre tentative d'hostilité.

Il est 9 h. 30. Le commandant Raab, accompagné d'un interprète et d'un peloton de douze hommes, se présente à la mairie. M. Vallon, maire, très noblement resté à son poste, apparaît sur le perron, entouré de MM. Balézeaux, adjoint, Pinçon, conseiller, Lefebvre, secrétaire et Vandenboosche, employé ; les agents Genève et Gaud sont également présents ; les autres membres du Conseil, MM. Vacquerel, adjoint, Bert, Boullet, Debacq, Demailly, Carter, Lavallée, Pionnier, Taupin, Toupet, retenus en ville par des missions diverses, n'ont pu se trouver à ce moment auprès de M. le Maire. L'officier, sur un ton très sec, demande le bourgmestre. M. Vallon s'incline. L'officier s'informe des mesures prises pour assurer la tranquillité dans la ville ; M. le Maire présente la proclamation invitant les habitants à s'abstenir de toute provocation à l'égard de l'ennemi, et montre les armes déposées par les civils à la mairie. Le commandant se déclare satisfait et invite M. Vallon à le suivre. M. le Maire s'avance, se retourne vers les siens, qu'il salue d'un geste d'adieu, et suit l'Allemand.

A la même heure, une autre scène se déroulait au château. M. Elie Berger, de l'Institut, lequel heureusement parlait l'allemand, aperçoit la 1ʳᵉ compagnie du 3ᵉ bataillon déboucher sur la pelouse par la porte St-Denis : il se porte à sa rencontre ; tout d'abord un capitaine lui déclare que si aucun acte d'hostilité n'est commis et si on obéit aux ordres, aucun mal ne sera fait au château, mais que si un coup de fusil est tiré, le château sera brûlé et le personnel fusillé. M. Macon reçoit les Allemands à la grille d'honneur, demande au lieutenant Eichkoff ce qu'il désire ; « rafraîchir ma troupe », répond-il. M. Macon mène la compagnie devant le pavillon d'Enghien, dans l'espoir d'éviter l'entrée au château. Les soldats forment les faisceaux, se mettent au repos, attendant le repas préparé par les cuisines roulantes. Le lieutenant demande simplement comme boisson pour ses hommes des seaux d'eau avec deux ou trois bouteilles de vin dans chaque seau.

En se promenant sur la terrasse avec le lieutenant, M. Macon aperçoit à l'extrémité du bâtiment M. Vallon assis sur un banc à côté d'un groupe d'officiers debout, qui déjeunaient de jambon et de conserves fournis par M. Berger. Il y avait là le lieutenant-colonel von Engelhardt, le major Raab, commandant le troisième bataillon dont faisait partie cette compagnie, et des capitaines. Le lieutenant-colonel se tourne vers M. Vallon et lui offre de prendre un peu de nourriture ; M. le Maire décline l'invitation de l'Allemand. Il est relaché moyennant la promesse de rester en permanence à l'Hôtel-de-Ville et de n'en sortir que pour rentrer chez lui. Son courage et son attitude très digne dans ces pénibles circonstances lui avaient mérité l'admiration de l'ennemi, qui, pour le préserver contre la malveillance d'autres troupes, lui décerna un certificat de « bon bourgmestre ».

Après le déjeuner, tous les soldats se baignent dans l'étang de Sylvie, et s'étalent sur les pelouses avec une impudeur toute germanique.

À 3 heures, la compagnie part dans la direction de Senlis. Comme elle prenait l'allée du poteau de l'Entonnoir, fermée au bout du parc par une grille, Monsieur Macon court ouvrir cette grille que les soldats commençaient à ébranler, et revient tout de suite au château, où il a la surprise de voir la Cour d'Honneur déjà envahie par deux autres compagnies du 3e bataillon, et des voitures de paille que l'on était en train de décharger sous la direction de l'agent Gaud. Les soldats formaient les faisceaux dans la cour. M. Macon se met aussitôt à la recherche du commandant Raab pour organiser le logement, lui explique que les galeries du grand châ-

teau étaient suffisantes pour loger 500 hommes sur
la paille, et obtient qu'aucun campement ne soit fait
dans les salons dorés du petit château, ni dans la
chapelle, en raison du dommage qui pourrait en ré

Phot. X.

sulter pour les objets d'art fragiles et précieux. Le
commandant visite avec M. Mâcon le château de la
cave au grenier et les souterrains du Connétable
pour voir s'il n'y avait rien de suspect : il s'étonne

des nombreux vides qu'il constate çà et là ; M. Macon lui explique que, dans la crainte d'un bombardement, on a transporté les principales collections dans les souterrains. Toutefois, le 30 août, une partie des œuvres d'art : tableaux, miniatures, dessins, gemmes, manuscrits, éditions précieuses, avait été transportée dans un van-automobile à Paris et déposée dans les caves du Louvre, d'où elle fut expédiée plus tard à Toulouse. Le commandant suit M. Macon dans la bibliothèque et avise deux cartes d'état-major sur lesquelles les conservateurs suivaient les opérations ; l'Allemand regarde : « Bonnes cartes ! Très bonnes cartes ! » Et, les pliant soigneusement, les emporte. Il choisit ensuite comme chambres d'officiers les bureaux des Conservateurs, situées au rez-de-chaussée du petit château sur le jardin de la Volière ; et M. Macon y fait transporter matelas et couvertures du pavillon d'Enghien pour les onze officiers. La Galerie des Cerfs, la grande Galerie, la Tribune, le Logis sont recouverts d'une épaisse litière pour les hommes. Un sous-officier veut à toute force faire entrer ses chevaux dans le vestibule ; une altercation assez vive s'engage ; en fin de compte M. Berger en appelle au commandant qui prend le parti d'envoyer les chevaux aux grandes écuries.

Il faut reconnaître que certains officiers n'avaient pas la brutale imbécilité de leurs subordonnés. Un capitaine, s'adressant à un gardien, lui montre la maquette de plâtre du duc d'Aumale, placée dans le vestibule, et demande : « Lui officier ?

— Oui général.

— Quel général ?

— Général de corps d'armée. — Rectifiant la position, le capitaine allemand fait au descendant des rois de France le salut militaire. — Que c'est beau ! s'écrie un lieutenant à la vue de l'admirable parc et des lignes élégantes du château ! quel dommage s'il faut détruire tout ça ! »

Les onze officiers, le soir venu, se font servir à

dîner dans la petite salle à manger qui précède le bureau de M. Maçon. Celui-ci est enfin autorisé à rentrer chez lui à condition de venir à 9 h. et de donner les clefs au corps-de-garde ; alors les ponts-levis sont levés, le pont-tournant fermé, la herse baissée.

Pendant que l'infanterie s'établissait dans Chantilly, les Allemands mettaient en batterie six canons au lieu dit le Coq chantant, hauteur d'où la route de Creil domine complètement la ville. Les pièces dissimulées derrière des tas de paille étaient braquées dans la direction de la rue du Connétable, de l'Eglise et du Château. Un peu avant midi, tout étant calme, ces pièces furent retirées.

La ville semble complètement désertée par ses habitants, ses maisons sont closes, les passants rares ne s'abordent que pour parler à voix basse. Les Allemands réquisitionnent tout le nécessaire : vivres, vin, paille, fourrage, éclairage, literie... ; ils déclarent suspectes toutes les habitations abandonnées et les forcent, si l'on n'a pas soin de les leur ouvrir. Les boulangeries sont surveillées militairement, la population ne peut avoir du pain qu'après eux... ; des sentinelles sont postées aux carrefours des routes, d'autres arpentent la voie ferrée, coupée depuis le départ des troupes françaises.

Un poids infini de crainte pèse sur le cœur ! Les marques de sympathie données çà et là aux enfants par les soldats ne peuvent le dissiper. L'envahisseur reste l'ennemi. De fait il agit en maître, témoin cet officier, qui, le matin, se présente à la mairie, demande à voir les armes déposées par les civils ; la visite faite, il emporte la clef du grenier où elles sont enfermées, revient l'après-midi avec un compère ; tous deux choisissent les deux plus beaux fusils de chasse et s'en vont.

A l'hospice Condé on s'attend d'un moment à l'autre à recevoir la visite de ces hôtes indésirables, mais aucun ne se présente.

CHAPU Henri (1833-1891). — Jeanne d'Arc à Domremy.
Musée Condé, Chantilly

III

Le Départ des Allemands

Dans le château, au fond de la Galerie de Peinture, se trouve dans une Rotonde, comme dans un sanctuaire, la célèbre statue de Jeanne d'Arc par Chapu. La Sainte de la Patrie, en cette nuit du 3 au 4 septembre, le regard fixé sur sa céleste vision, semble ne plus écouter ses voix, mais supplier le Ciel de la délivrer de ces intrus plongés devant elle dans un bruyant sommeil. Au dehors, c'est le roulement de l'artillerie et des convois ennemis ; le flot envahisseur gagne d'heure en heure, mais bientôt il va se briser, le miracle de la Marne n'est pas loin. L'exécution du plan que le Général Joffre a décidé dès le 25 Août est proche : von Kluck n'est plus maître de l'échiquier, les troupes françaises se massent sur sa gauche : Paris, fortement défendu par le général Galliéni, lui inspire des craintes. Pour la deuxième fois depuis son entrée en France, il modifie, le 3 septembre, sa marche, néglige complètement la capitale, délaisse les instructions de son généralissime von Moltke, resserre ses rangs vers la gauche et pousse ses soldats jusqu'à Coulommiers.

Au matin du 4 septembre, les troupes cantonnées à Chantilly ignorent encore ce nouveau mouvement, elles espèrent au contraire servir de réserve au contingent de 2.000 hommes qui, dit-on, doit arriver incessamment, et séjourner une dizaine de jours dans Chantilly. D'ailleurs, la ville est mise en état de défense : des tranchées ont été creusées en avant du pont sur la Nonette, route de Creil ; le pont lui-même est barricadé avec des fûts vides et des meubles pris dans la maison Dépeaux, située tout à côté ; défense est faite à tout homme de circuler dans les rues ; un entrepreneur, qui par ignorance enfreint l'ordre, est pris pour un espion, soigneusement fouillé, il voit même ses chaussettes retournées ; convaincus cependant de sa bonne foi, les Allemands le relâchent. Les réquisitions, à main armée, de la veille recommencent, mais subitement elles

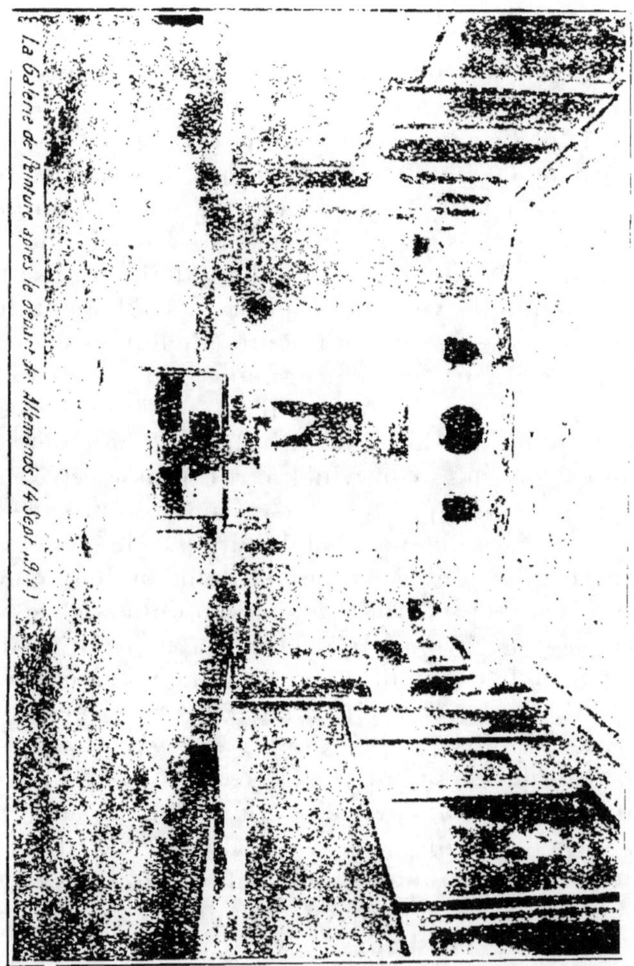

sont interrompues. L'ordre du départ est arrivé du quartier général.

Le signal du rassemblement est donné : les rangs se forment et le 27ᵉ régiment saxon prend la route de Senlis, suivi de près par le 32ᵉ, campé à l'est de

Saint-Maximin. Ces deux régiments n'avaient jusqu'à ce jour connu que l'ivresse d'une marche endiablée à travers la France, ils vont bientôt se mesurer aux troupes françaises et subir dans la bataille de Nanteuil des pertes considérables.

Chantilly n'est plus maintenant dans la zone de combat, mais n'est pas encore délivré de l'emprise allemande ; les incursions de uhlans ne lui font pas défaut. Le soir même de ce jeudi 4 septembre, une patrouille de 25 cavaliers rôde aux abords de l'église et demande des cigarettes. Le lendemain, nouvelle visite, suivie d'une fausse joie : deux uhlans se détachent de leur groupe et descendent la route de Creil, puis rebroussent chemin ; l'un d'eux se poste sur la place de l'hospice, et avec une lunette d'approche inspecte les alentours : il est trois heures ; soudain une fusillade crépite au débouché de la rue de Gouvieux ; trois camions chargés de zouaves et de pompiers de Paris font feu sur les cavaliers allemands, qui se sauvent au triple galop dans la direction du Bois-Saint-Denis ; un uhlan a son cheval tué sous lui, il entre, révolver au poing, dans le café dénommé le petit Saint-Louis, avenue de la Gare, réquisitionne une bicyclette, et rejoint ses camarades ; un autre désarçonné, se cache dans l'escalier de l'ancienne maison Herlem (aujourd'hui détruite) ; peu après, il est délivré par une nouvelle patrouille ; les Français, trop peu nombreux, avaient dû renoncer à la poursuite.

Vers les 5 heures, un taube survole la ville très haut ; une heure après passe un aéroplane français ; le bruit du canon résonne au loin dans la direction de Nanteuil ; la situation, semble-t-il, devient critique.

En ce jour du 5 septembre, en effet, le sort de la guerre entre dans une nouvelle phase. Le général Maunoury surgit sur la droite de von Kluck, furieux d'avoir ignoré l'existence de cette armée improvisée ; le chef allemand tant vanté n'avait pas prévu que, contrairement aux règles de la stratégie, l'ar-

mée de Paris sortirait du camp retranché dès qu'il s'infléchirait vers l'Est, et le harcèlerait sur son flanc droit. Ce n'était là cependant que le prélude d'une offensive générale de plus grande envergure, qui devait se déclancher le lendemain 6 septembre sur tout le front.

A Chantilly, les patrouilles deviennent plus rares, le bruit du canon se fait plus sourd, il n'y a plus de doute, l'ennemi s'éloigne, et la population, aujourd'hui dimanche, vaque en toute tranquillité et avec foi à ses devoirs religieux. Le lundi, des nouvelles parviennent de Paris, on cherche à se procurer des journaux, on les scrute dans leurs moindres détails, on interroge les émigrés qui reparaissent, et l'on s'étonne des bruits fantaisistes répandus dans la capitale sur notre cité.

Pour la dernière fois, le jour suivant, 8 septembre, on revit des uhlans ; l'un d'eux, un officier, fut le triste héros d'une aventure amusante : guidé sans doute par des espions employés avant la guerre comme lads, il se présente chez MM. Cunnington et Michel Pantall, entraîneurs, et réclame les meilleurs chevaux, mais ne peut être satisfait, beaucoup ayant été mis à l'abri ; plus heureux chez M. Ephrussi, il prend un des favoris du turf, Bavard III, le fait seller et l'enfourche ; mal lui en prit, car le pur sang, agacé par les brutalités de l'Allemand, débarque son cavalier, après quelques ruades énergiques et, sa petite promenade faite sur la pelouse des Aigles, s'en retourne tranquillement vers son box. Ce cas ne fut pas unique ; dès l'apparition des Allemands à Chantilly, une scène semblable avait eu lieu chez M. Percy Carter.

Le cœur ému et joyeux, les habitants de Chantilly revoient les soldats français le mardi 9 au matin. Plusieurs automobiles chargées de zouaves traversent la ville et vont jusqu'à Senlis où ils ramassent une vingtaine de soldats allemands, oubliés, croirait-on, par leur état-major.

La première de ces automobiles revient à Chantilly vers 9 h. 30. Près de l'église, elle rencontre un déserteur allemand qui séjournait dans le pays depuis plusieurs jours et semblait s'y plaire ; il avait d'ailleurs eu soin, à son arrivée, de se présenter chez un brave homme et de le forcer, révolver au poing, à lui trouver une compagne pour partager son lit ; dès qu'il aperçoit les zouaves, il lève les bras au ciel en criant: « kamarade ! » ; il est aussitôt emballé, tout heureux d'en avoir fini avec la guerre. Une autre auto se heurte, vers 11 h. dans St-Firmin à une patrouille allemande ; des coups de fusil sont tirés, mais la patrouille s'échappe et se cache jusqu'au lendemain matin dans les dépendances de la Clouterie d'Avilly, alors vide d'habitants.

Le 10, à 8 h. du soir des troupes françaises paraissent ; le 6ᵉ dragons passe la nuit à St-Firmin : le cauchemar est terminé, l'ennemi s'enfuit vers le nord. Le 12, le généralissime français télégraphie au ministre de la guerre la grande victoire de la Marne.

Phot. X

Hôtel du Grand Condé — Grand Quartier Général (Nov. 1914-Janv. 1915)   *Phot. Privat*

LE MARÉCHAL JOFFRE

Repoussé au-delà de l'Aisne, l'Allemand ne désespère pas de reprendre l'offensive, et tout d'abord s'accroche à un terrain soigneusement étudié à l'avance. En face de l'ennemi qui se terre, et impuissantes à le déloger de vive force, nos armées ne veulent pas lâcher prise, et à leur tour elles s'immobilisent. C'est la guerre de tranchées qui commence, l'incessant « grignotage », selon l'expression du général Joffre.

Éloigné qu'il est maintenant du champ de bataille, Chantilly, par sa sécurité, sa position et son site reposant, retient l'attention du généralissime. C'est là qu'il établira son quartier général. Un matin de novembre, le dimanche 29, un grand nombre d'officiers et de soldats fait son apparition dans la ville ; des automobiles, depuis la limousine jusqu'au lourd camion, sillonnent les rues ; la poste se couvre d'un épais réseau de fils télégraphiques ; des gendarmes se postent devant divers édifices. Chantilly devient le séjour du généralissime et du G. Q. G.

Ce n'était pas assez qu'à notre ville fût attachée la mémoire d'un Montmorency, d'un Condé, d'un duc d'Aumale ; à ces noms célèbres la Grande Guerre allait associer l'impérissable souvenir du Maréchal Joffre.

Le « Cantilien » revoit toujours devant ses yeux le Vainqueur de la Marne se promener, simple d'allure, vêtu du pantalon rouge et de la vareuse noire, le long de la route de Laigle, en compagnie de son chef d'État-Major. Qui ne parle encore, comme d'un fait récent, de ces prises d'armes, au cours desquelles le généralissime fixait paternellement sur la poitrine des braves une décoration bien méritée ? Et certes, cette affabilité savait se rehausser d'une dignité qui en imposait, les jours des grands conseils, alors que les princes et les généraux alliés venaient s'entretenir des terribles événements.

« La vie du Maréchal Joffre, au cours de ces dernières années, a écrit M. Gabriel Hanotaux, se confond avec l'histoire même de la France. Sur la grandeur et l'étendue des services qu'il a rendus à son pays, le peuple français ne s'est pas trompé une minute ; d'instinct, son affection, son admiration et son respect sont allés au vainqueur de la Marne et lui restent fidèles ».

Cette affection, cette admiration et ce respect, la population de Chantilly a été des premières à les lui témoigner, parce que après avoir bénéficié de son génie, elle a plus que toute autre été le témoin de son labeur et de sa gloire. Elle lui doit encore, à un titre particulier, son attachement pour la haute marque de fidèle amitié qu'elle en a reçue après la victoire. Sur l'invitation de M. Vallon, le Maréchal Joffre s'est fait un plaisir et nous a fait le grand honneur de venir inaugurer le Monument élevé en souvenir des enfants de Chantilly morts pour la France.

De tout cela, on se souvient, et ce sera justice si bientôt une statue s'élève à l'entrée de notre ville pour dire aux générations futures la reconnaissance de Chantilly envers le Maréchal Joffre.

Le Maréchal Joffre en automobile.   Phot. X.

Le Maréchal Joffre et Viber... Rue des Berges à Chartres

Phot. X.

Phot. X.

Phot. X.

Phot. X.

Phot. X.

Phot. X.

Phot. X.

Phot. X.

Phot. Prenat

Le Maréchal Joffre — Inauguration du Monument aux Morts

Comité de la Statue du M.ᵃˡ Joffre

IMPRIMERIE MORIEU
Pont-Sainte-Maxence
Oise